キミは、幸せな「お金持ちになる」方法を知らないだけなんだ

森瀬繁智（モゲ）
漫画 りゃんよ

すばる舎

はじめに

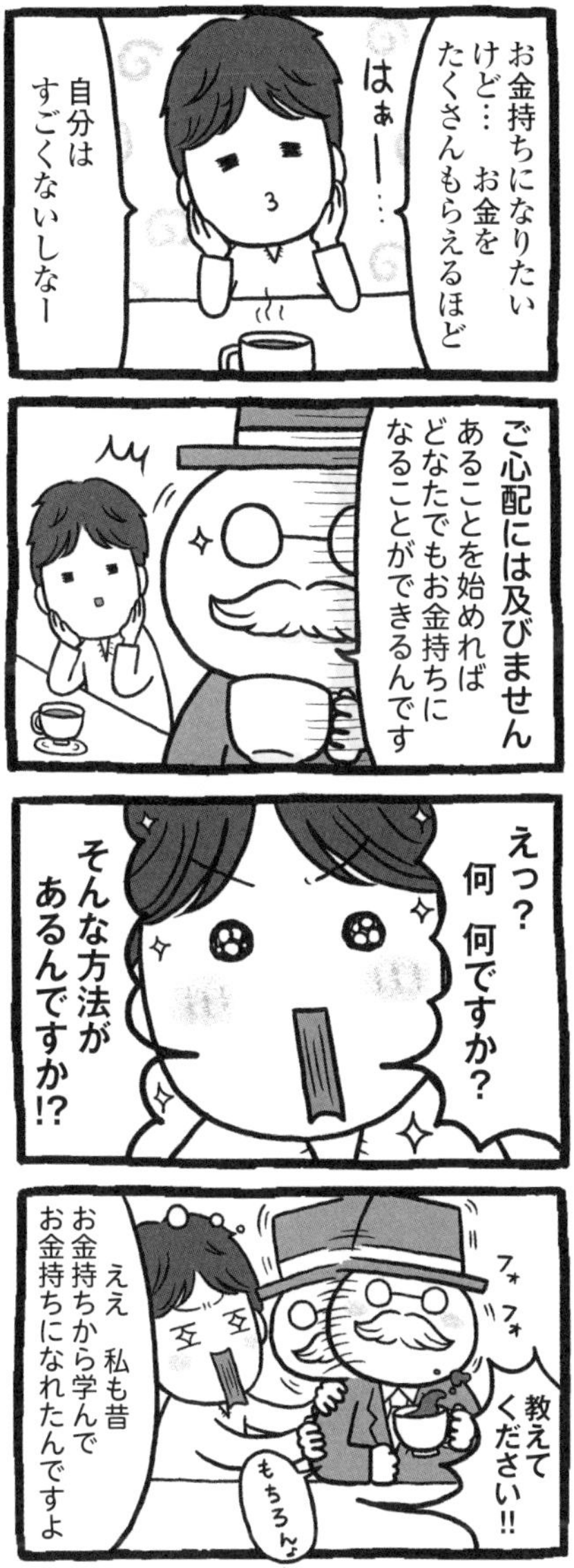
お金持ちになりたいけど… お金をたくさんもらえるほど
はぁーー…
自分はすごくないしなー
ご心配には及びません
あることを始めればどなたでもお金持ちになることができるんです
えっ？ 何 何ですか？
そんな方法があるんですか!?
教えてください!!
フォフォ
もちろんょ
ええ 私も昔お金持ちから学んでお金持ちになれたんですよ

以前、年収200万円の女性に、お金のコンサルをしたことがあります。

当初、その女性は「お金持ちになりたい」という気概はありましたが、心のどこかで「私にできるのかな」という思いを持っていました。

もちろん、僕は十分に見込みがあると思っていました。

なぜなら、「お金のコンサルを受けよう」と決意することで、彼女はお金持ちになる準備を始めることができたからです。


実は、これってすごく大事なことです。

お金持ちになれる人、なれない人の違いは何か？

それは、お金持ちになる準備を始めるかどうか、たったこれだけの差だからです。

その女性は、結果的にどうなったと思いますか？

半年後には、月に7桁に届くぐらい稼ぐようになり、プチお金持ちの仲間入りをしました。

伝えたのはごくシンプルなこと。一部を紹介すると、

・自分も相手も喜ぶことをしましょう
・躊躇《ちゅうちょ》せずにお金をもらいましょう
・能力を認めてくれる場所に行きましょう

こんな感じです。

わかったような、わからないような……そう感じた人もいるかもしれません。

とりわけ、「躊躇せずにお金をもらう」ってハードルが高い気がするかもしれません。

実は、「自分には、たくさんのお金をもらえるほど価値があるとは思えない」と感じている人は意外に多いんです。

もしそう感じていたら、「非常にもったいない」！

まずは、その考え方を変えていきましょう。

これがお金持ちになるための、大事な一歩になるからです♪

先ほど紹介した、年収200万円だった女性は心の中で、「たくさんのお金をもらえるほど、自分には価値がない」と思い込んでいました。

なぜ、そう思ってしまうのかというと、周りに自分を認めて褒めてくれる人がいないからなんです。

僕からすれば、「十分稼げる力があるな」と感じていました。

僕は、価値のない人間なんて、一人もいないと思います。

どんな人にも、「お金を払いたい」と思われるような「価値」があります。

お金持ちは、自分の価値を知り、その対価としてお金をたくさん得ています。

だからこそ、お金持ちの考え方を知り、徹底して学んでほしいんです。

かつて僕自身も貧乏どん底で、借金3000万円あったにもかかわらず、お金持ちから「お金持ちになる方法」を学びました。

その結果、億を稼ぎ出すことができるようになりました。その後、お金持ちになる方法を教えることで、億を稼ぐ人たちが続々と生まれています。

とりわけ、僕が大事にしているのは、単なるお金持ちではなく、「周りの人たちから感謝される、幸せなお金持ち」になれること。すなわち「幸せなお金持ちになる」ことです。

特に、女性の多くが、この考え方に共感してくれていて、最近僕は「億女メーカー」と呼ばれたりもします。

「お金持ちなんて、なれるわけない」とあきらめる前にこの本を最後まで読んでみてください。

きっと、「そっか、私はお金持ちになる方法を知らなかっただけなんだ」と感じてもらえると思いますよ。

あなたの一歩を踏み出す力を心から応援します♪

2024年3月吉日

森瀬繁智（モゲ）

もくじ

2章

環境が変わると、いい変化が!

お金持ちの「考え方」を知ると早い

今いる環境は稼げる環境かね？
チャンスをつかめるところで頑張らないとじゃよ
やったー
たしかに!!

3章

コレで「セルフイメージ」が上がる！

「貧乏マインド」とサヨナラしよう

10000
10000

4章

だから、お金持ちはいつも「にこやか」

この「ログセ」「習慣」でドンドン好転する

5章

「いいこと」ばかり起きてサイコー！

知っておきたい「お金」と「運」のつかみ方

すごい!!
これがお金持ち
マインド!!
つよいし早い!!

装丁●小口翔平＋嵩あかり（tobufune）
漫画●りゃんよ
本文レイアウト●吉村朋子
出版プロデュース●竹下祐治

1章

「本当はお金持ちになれるキミへ」

「お金持ち」になるコツがある！

やったぁぁぁ!!
宝くじが当たった～
これで金持ちだぁぁぁぁ
数年後
な…なんでだ…
あんなにたくさん
あったのに…
クソォ
うぅ…
す…
それはお金持ちになる
準備不足でしたね
準備不足!?
そう 準備をして
お金持ちが似合わない
とお金は逃げていって
しまうんですぞよ
どうぞ
ひょい
ど…どうも

1「この準備」が必要だった！

◆お金持ちが「似合う人」にお金がドンドン集まる

お金持ちになれる人、なれない人はどこが違うのか？

「はじめに」でも少しお話ししましたが、それは次の2点が当てはまるかどうかです。

お金持ちになれる人は、

・お金持ちになる「準備」ができている

・お金持ちが「似合っている」

これがバッチリできています。僕が思うに、この世は〝準備ができていること〟と〝似合うこと〟しか具現化されません。

「宝くじに当たってお金持ちになりました」っていう人を聞かないのも、お金持ちになる準備ができていないのにお金を持ってしまったから、すぐお金がなくなってしまうのです。

「お金持ちが似合わない人」の特徴は、いつも不幸そうな顔をして、文句ばかり言っているような人。

「けちくさい、ダサい、めんどくさい人にはならないで！」

と僕はコンサルをするときよく言います。

ダサいことを言っている人に、お金持ちはいないからです。

以前、僕の本で紹介したことのあるエピソードですが、大事な話なのでここでも紹介します。

いまやお金持ちになったある女性が、こんな相談をしてきたことがありました。

「夫がケチで、私がお金を払うときに限って、高いお寿司を食べるんですよ」

それを聞いて、僕は言いました。

「好きな人に美味しいものを食べさせてあげられないのってダサいね」と。

男だから女だから、あるいは、夫だから妻だから、といった枠をはめてしまうと、お

金を手にする上でマイナスなブロックがかかるんです。大事なのは、そうした思い込みを外すこと。その女性は、「そっか〜！」と気づいてくれ、お金持ちにふさわしいマインドに切り替えることで、行動が変わっていきました。その後、ちゃんとお金持ちの仲間入りをしています。

◆日頃から、こんな点を意識する

くれぐれも「お金持ちが似合わない人」にはならないでください。お金持ちになるための近道。それは「お金持ちマインド」を磨くこと。これに尽きます。

日頃から「理想の自分」への準備や、それが「似合う自分」でいることを意識しておくことが重要です。

毎日、「お金がない」「どうしよう〜」なんていう思いに囚われていたら人生もったいない。

大丈夫。借金3000万円あって、青息吐息で寝る間も惜しんで働いてた、恐らく日本一お金持ちが似合わなかった僕でも変われました。

ぜひ、今日からお金持ちマインドを磨き、お金持ちになる準備を始めましょう。

◆人生は「学ぶ時間」と「喜ぶ時間」しかないよ〜

結局のところ、この世の中は自分次第でいくらでも変えることができます。

だから、まずは色々やってみましょう。そしたら、笑えるほど、うまくいかない。僕も体験済み。

でも、そこから学んであきらめずにいろいろやっていると、笑えるほどうまくいくようになってきます。


成功って、〝水がお湯に変わる〟のと同じなんです。

99℃では沸騰しないけど、あと1℃だけ上げると100℃になっていきなり沸騰してきます。

だからね、常に、

「あと1℃（一度）だけ、もう1℃（一度）だけ……」
と考えながらやってみる。
そしたら必ず「沸騰《ふっとう》」、すなわち「成功」するんです。
人生って、本当は「学ぶ時間」と「喜ぶ時間」の2つしかないんです。
失敗したらそこから学べばいいし、成功したら喜べばいい。
あきらめず、続けていたら必ず変わります。

CHECK

準備をすれば、「お金持ち」が似合う自分になれる

2 「学ぶ人」を間違えない

ボクもトドさんみたいに金持ちになりたいです…
ぐっ…
フォフォ…
なれますぞよ
そうだ!! 松本が競馬で一発当てればいいって言ってたぞ
よし!
!?
松本
くそ〜〜〜負けてしまったぁぁぁ
また借金が〜!!
オレも…
どうしたらいいんだ〜
聞いて…
わしに…
聞いて…?

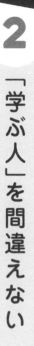

✦尋ねる相手を間違えると、悲劇が……

「成功する人と成功しない人って何が違うんですか？」

この質問、今までで58億回ぐらい聞かれたと思います（笑）。

僕自身の経験と、これまで成功した人、成功できない人を見てきて絶対的に言えることがあります。

それは、成功する人はその道のプロに教わるけど、成功しない人は友達や周りの人の話を信じてしまうことです。

たとえば、フレンチのシェフを目指している人が、フランス料理の経験が全くない素人の友達に料理の仕方を聞いていたらおかしいですよね。

これについて考えるとき、ぜひ参考にしてほしい話があります。それは『人生の道しるべになる　座右の寓話』（戸田智弘・著／ディスカヴァー携書）の中にあるこんな逸話です。

定年後に余暇を楽しんでいる老人が、最近描いたばかりの自分の絵を有名な画家ロセッティに見せました。

ロセッティは丁重に「これは人並みの出来だ」と答えました。

そこで老人は、他にも数点の絵を見せたのです。

明らかに若い人の手によるとわかるその作品にロセッティは目を奪われ、「これは確かに偉大な才能の出現であり、訓練と練習を積めば大画家になれるであろう」と褒め称えました。

老人が息をのんでいるのを見たロセッティは「これを描いたのはあなたの息子なのか？」と尋ねると、老人はこう答えました。

「いいえ、これは私が若い頃に描いたものです。でも私は周りに説得され、別の仕事に就いたのです」


老人は周りの言うことを信じたため、その素晴らしい才能は使われることなく、消えてしまいました。

◆幸せな成功者の話を聞こう

せっかく備わっていた自分の能力や価値を信じなかったばかりに、人生をふいにしてしまったというエピソードです。

これと同じことが、あなたの人生にも起こっている可能性はありませんか？

「はじめに」で、年収２００万円の女性の話を紹介しました。

彼女はのちに仕事を変えてお金持ちになりましたが、当初は「自分に価値がある」とは思っていませんでした。周りに彼女の価値を認めて、引っ張り上げてくれる人がいなかったために、自信を持てなかったのだろうと思います。

大事なのは、うまくいっている幸せな成功者の話を聞いたり、教えてもらったりするなかで、自分の力を発揮できる場所を見つけることなんです。

だから、毎月１００万円以上稼ぎたいなら、毎月１００万円稼いでいる人に聞く。

幸せな結婚生活を送りたいなら、幸せな結婚生活を送っている人に聞く。

お金持ちになりたければ、あなたと同じような境遇からお金持ちになった人に話を聞く。

間違っても、成功していない人、お金持ちではない人の話を信じたり、言うことを鵜呑みにしたりしてはいけないのです。

なかには、お金持ちに会いに行くこと自体に気後れしてしまう人もいるでしょう。「どうせ行っても、貧乏人は見下されるだけだ」と思ってしまうのかもしれませんね。

確かに、そんなお金持ちもいるかもしれませんが、**そのお金持ちが〝幸せな成功者〟であれば、絶対に人を見下すようなことはしません。**

なぜなら、そんな人は幸せな成功者になれないからです。

もちろん、話を聞くためにはこちらも礼儀正しくくし、相手の都合を考えることも必要になってきます。

とりわけ一番大事なのは、こちらの「熱意」です。

調べたらわかるようなことを聞くのではなく、自分の現在の状況と目標を話し、目の前の成功者なら、まず何から始めるかを具体的に聞いてみましょう。
そして聞きっぱなしにせず、実際にやった成果を報告することも重要なことです。

CHECK

〝幸せな成功者〟は人を見下さない

3 「3つの思い込み」を捨てよう

自分はすごく人に見下されている
結局 最後はうまくいかない
自分は運が悪い
ウィィィィィーーン
…という思いゴミ（込み）を
きれいに捨てることがお金持ちになる上で大事じゃよ
ウィィィーン
ケロッ
あれ?

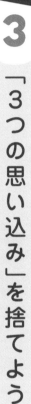

✦単なる思い込みは「重いゴミ」！

ここまで繰り返しお伝えしてきたことは、「自分の価値」に目を向けてほしいということです。

幸せなお金持ちは、自分を否定しません。自分が大好きで、もっともっと楽しいことをして幸せになりたいと思っています。自分の価値を知っているので、その能力を生かして、人も自分も喜ばせて、躊躇なくお金を得ています。

一方、お金持ちになれない人には変な「思い込み」があります。

心のどこかで、「自分にはお金をたくさん得るだけの価値がない」と思い込んでいるため、自分を好きになれず否定し続けます。

こうした「思い込み」は心の中で「思いゴミ」になり、それが溜まって「重いゴミ」になり、せっかく現状を変えようとする自分の足を引っ張り、幸せになることを邪魔します。その代表的な3つの思い込みがこれです。

①「自分はすごく人に見下されている」
②「結局、最後はうまくいかない」
③「自分は運が悪い」

これって、一つひとつちゃんと見ていけば、それがおかしいことに必ず気づけます。

ぜひ「思いゴミ」に気づき、きれいさっぱり捨てておきましょう。詳しい説明は3章でするので、ぜひ、読んでください。

CHECK

思い込みに気づき、足かせを外そう

4 「環境」を変えると手っ取り早い

ずい
英語学習と一緒じゃよ
とりあえず海外に行って英語を話す人たちに囲まれると話せるようなっていくじゃろ？
Hello
Hey
同じくお金持ちと多く接すると自然にお金持ちマインドに変わってくるのじゃ
フォ
何かわかってきました
フォフォ
フム
良いですね

◆英語習得と、お金持ちになるのは似ている

僕がコンサルタントをしているとき、よく聞くのが、

「自分がお金持ちになれるなんて、どうしても思えません」

という相談です。

こう言う人は、言い換えれば「自分がお金持ちになれない」と信じている人です。

「お金持ちになれる」か「お金持ちになれない」か、どちらを信じても同じ労力なので、どうせなら楽しい方を信じた方がいいと僕は思うんです。


実は、お金持ちになるのってそんなに難しいことではありません。

これって、極論すると英語を極めるのと同じです。

たとえば、

「あと1年で英語がペラペラになったら1億円あげますよ」

と言われたらどうしますか？

アメリカやイギリスなど、英語を母国語としている国にすぐ行って、そこで生活すればいいって思いますよね。

日本で英会話の学校に通えばいいって思う人はまずいません。英語が日常の国に行った方が、日本で英会話を学ぶよりもずっと上達が早いですからね。

だから、お金持ちと接すると早い！

これは、英語に限った話ではありません。お金持ちになりたいなら、お金持ちと接することが一番の近道なんです。

英語を使うことが〝当たり前〟の世界で生きていると、最初は苦労してもだんだん慣れてきて、いつの間にか自分も英語を使うことが〝当たり前〟になっていきます。

これと同じように、**お金持ちと接していると、最初は考え方や行動の違いに戸惑うこともあるけど、ずっと接しているとお金持ちの思考や行動が身について、自分もお金持ちになるのが〝当たり前〟と思えるようになるんです。**

お金持ちと「どうすれば会えるのか」や「どうすればすごい話を聞けるのか」については2章でお伝えしますね。

CHECK

考え方や行動を真似るうちに、セルフイメージも上がる

5 「貧乏気分」ではなく、「お金持ち気分」を味わう

「お金がない」と思うんじゃなくて〝お金持ちだ〟と思うことが大切じゃ
な、金運の神様
うん
でもぼく…お金持ちじゃないし…なんかウソみたいで
す〜〜〜…
でも初任給のときよりもお金持ちじゃろ…!?
アアア
たしかに!そのときよりボクはお金持ちだ
ボクはお金持ちですね♪
ほっ…

✦現状を嘆くより、良くなったことに目を向けよう

お金の心配なんて、考え方次第なんです。自分がお金持ちかどうかなんて、自分で決めればいいだけですから。

たとえば、ほとんどの人は「もうちょっと給料が上がってくれたら、幸せになれるのに！」といつも思っています。

でも、**冷静に考えてみると、たいていの人は初任給より今の給料はかなり上がっているはずです。**

それでも「幸せじゃない」「お金持ちじゃない」のだとしたら、それは単に〝気づいてないだけ〟なんです。

幸せなお金持ちになりたいのなら、「お金がない」と言って自分を苦しめるより、まずは「私はお金持ち！」と口に出して言ったり、思ったりすればいいんです。

「私はお金持ち！」と思うのに無理がある人は「初任給を頂いたときより、お金持ち♪」っ

て言うとスッキリするし、笑顔になれてお金持ち気分になれます。

「事実」に目を向けると「お金持ち気分」を味わえる

ただ、注意も必要です。

よくアファメーション（ポジティブな言葉で宣言することにより、潜在意識を塗り替えて自分自身を変えていく手法）で「自分はお金持ちだ」と何回も言っている人がいますが、やっている本人が「自分がお金持ち」ということを疑っていたら、やればやるほど、逆に苦しくなってしまいます。

実際、僕もそれで顔面神経麻痺になった経験があります。

大切なのは「初任給を頂いたときより、お金持ち♪」というように、「事実」に注目すること。「お金持ち」というと、語弊があるかもしれませんが、少なくとも、「お金が少ない、足りない」という状態からは脱していて、ステップアップしているわけです。その事実をちゃんと見てあげましょう。

こんなふうに事実に着目すれば感謝の気持ちも生まれて、楽しく過ごすことができます。

その楽しい気持ちが、さらなる「お金」や「運」を運んできてくれるのです。

CHECK

むやみにアファメーションを唱えるより、事実に目を向ける

6 これをしてたら、貧乏になる!?

今日は「貧乏マインド」テストを行うぞよ
はい!
・ATMに並ぶ回数
月2回以上ある。
シャ・・・
ある
○の中にレシートや
ポイントカードが
財布の中にレシートやポイントカードが溢れてる
ゴチャ
SALE
半額
シャ
シャ
必要としてないのに「SALE」の言葉につられて買ってしまう
・お金が欲しいと言っているのに勉強していない
・お金に困ってる人とばかり付き合ってる…
はい!
全問一致です
oh…

貧乏マインドをチェックする

〝貧乏〟とは「入ってくるお金と出ていくお金が同じ」か、「出ていく方が多い」状態なので、入ってくるお金が多くなれば貧乏は治ります。

でも、〝貧乏性〟は貧乏が習慣化して体に染みついたものなので、なかなか治りません。

その証拠に、どれだけ稼いでもケチな人ってあなたの周りにもいるのではないでしょうか。

お金持ちになりたいのであれば、まずは貧乏性から脱却する必要があります。

そこで、まずはあなたの「貧乏マインド」をチェックしてみましょう。

□①ATMに並ぶ回数が、月2回以上ある

□②財布の中にレシートやポイントカードが溢れている

□③必要としていないのに「SALE」の言葉につられて買ってしまう

□④「お金が欲しい」と言っているのに、お金の勉強をしていない
□⑤お金に困っている人とばかり付き合っている

あなたはいくつ、当てはまりましたか？

この5つの項目には共通点があって、それはこの行動をする度に、貧乏マインドが知らない間にドンドン植え付けられているのです。

それぞれ、解説するとこうなります。

①ATMに並ぶ回数が、月2回以上ある

→ATMに行くときって、お金がないときですよね。ということは、ATMに行くほど、自分にお金がないということを植え付けられているということです。

② 財布の中にレシートやポイントカードが溢れている

↓財布にそういうものがパンパンに詰まっている限りお金が入らないので、お金に縁がなくなり、貧乏マインドが強化されてしまいます。

③ 必要としていないのに「SALE」の言葉につられて買ってしまう

↓これは「将来もお金がない、将来も貧乏」という気持ちが前提にあるので、買えば買うほどお金がなくなるし、貧乏マインドも強くなります。

④ 「お金が欲しい」と言っているのに、お金の勉強をしていない

↓「勉強しても、自分はお金持ちになれない」と思っている証拠。貧乏なのが当たり前になってしまいます。

⑤ お金に困っている人とばかり付き合っている

↓周りが「来月の支払いどうしよう」とか「お金がない」としょっちゅう言って

いたら、どんどん貧乏マインドに洗脳されてしまいます。

ではどうすれば、貧乏マインドから抜け出し、貧乏性が無くなるのか。
それは、５つの項目の逆をやればいいんです。実際にはこんな感じです。

◎ＡＴＭに行くのは、月に１回以下にする
◎財布はいつもキレイにして、スッキリさせる
◎不必要なＳＡＬＥ品は買わない
◎お金の勉強をする
◎友達関係を見直す

一度に全部、やろうとする必要はありません。
できるところから一つずつ、やればいいのです。
一つでもやれば、その分だけ確実にお金持ちマインドに近づけますよ！

CHECK

5つの悪習慣をやめてみよう

7 “ブラックエンジン”を使おう!

若者よ あなたが持っているのは…
「だれかを幸せにしたい」と思うポジティブなホワイトエンジンか
それとも「成功して見返したい」といったネガティブなブラックエンジンか?
くっ… ブラックエンジンです…!
何も悪いことはありません 大切な欲望です 燃料にして頑張りなさい
ハイ!

◆悔しさがバネになる

僕は起業当初、全然稼げていないくせに

「世の中に幸せを届けたいんです！」

と、熱弁していました。

ちなみにその頃の月給は５０００円（日給じゃないですよ）。

コンサルタントとして、「多くの人を成功に導いて、世の中をもっと良くしたい」と考えていた僕は、受講していたセミナー講師にどうしたらいいか相談してみたら、あっさりとこう言われてしまいました。

「そんなの無理だよ。だって、あなたが成功してないんだから」

言われてみればすごく当たり前のことなのですが、そのときはすごく悔しかったことを今も覚えています。

でも**実は、この〝悔しさ〟があったからこそ、今の成功があるんだと思っています。**

✦エンジンには2種類ある

人が「何事かを成そう」とするとき、その大きさに見合った機動力を発揮するためのエンジンが必要になります。

このエンジンには2種類あります。

1つ目が、「誰かを幸せにしたい」といったポジティブな感情をエネルギー源にする**「ホワイトエンジン」**。

そして2つ目が「あいつを見返してやりたい」といったネガティブな感情をエネルギー源とする**「ブラックエンジン」**です。

現実的な話として、僕の周りの何百人という成功者を見てきた中で、起業当初からホワイトエンジンだけを使って成功した人を、僕は一人も知りません。男女の区別なく、すべての人に当てはまります。

みんな、「成功して見返してやりたい！」とか「貧乏は絶対にイヤだ！」といったネ

ガティブな感情と自分の欲望に従って結果を残しています。

✦エンジンを上手に使っていこう

僕が知る限り、月に100万円稼ぐまでは欲望をエネルギー源にしてブラックエンジンを使うけど、そこから徐々にブラックエンジンの使用頻度が減り、月に300万円稼げるようになってくると自分の生活が豊かになり、精神的にも経済的にも〝ゆとり〟が生まれます。

そうすると「周りに対する感謝」や「社会貢献したい」という気持ちが生まれ、自然にホワイトエンジンに切り替わっていくのです。

ネガティブな感情は人に向けると害になりますが、自分の機動力に使えばものすごい瞬発と加速を生みます。

だから最初は「お金持ちになって豪遊したい！」「異性にモテたい！」「ベンツに乗りたい！」「移動は新幹線ならグリーン車、飛行機ならファーストクラスで！」など、何でもいいから自分の願望や欲望をバンバン燃料にして、ブラックエンジンを使いましょう。

そのためにも、自分の感情や気持ちに素直になることが大事なんです。

これについても、これから詳しくお話ししていきます。

次章から、お金持ちマインドを磨くための方法について紹介していきます。

CHECK

自分の気持ちに素直になると、エンジンがかかる！

2章

「環境」が変わると、いい変化が！

お金持ちの「考え方」を知ると早い

1 なぜ、名著を読んでも行動が変わらないのか？

ボクはお金持ちだ
ボクはお金持ちだ
ぐぬぬ
ボクは
お金持ちだ～
思考から変わろうと
しても…
ボクは
お金…
持ち…だ…
ちーーーん
ズズ
なかなか
変わることは難しい
環境をガラッと
変えると…
最近バターコーヒーにハマってるんじゃよ～
フォフォ
なんですかそれ
モーニングMTG
思考、行動、習慣が
自然と変わっていきます
ただ食べるん
じゃなくて
バターコーヒーっていうのは…
仕事の
パフォーマンスが
上がるものを食べよ
へぇ～

✦現実が貧しいままだと……

お金持ちになるためには、〝お金持ちになる習慣〟を身に付けるといいのですが、なかなか身に付きにくいのも事実です。

継続していけば必ず習慣化するのですが、そもそも継続ができないんです。

なぜ、継続できないかというと、思考が貧乏のままだから。

かつての僕自身がそうだったからわかります。

貧乏な思考を変えようと努力しても、なかなか変えることは難しい。

なぜかというと、〝現実が思考を作る〟からです。

自己啓発の名著『思考は現実化する』（ナポレオン・ヒル著／きこ書房刊）はあまりにも有名ですが、「この本を読んで、思考を変えたけど、現実化しなかった」と言う人がいます。

なぜ、現実化しなかったのかというと、思考を変えたつもりでも、完全に変えきれていなかったからです。

いくら「豊かな心が、豊かな現実を引き寄せる」といっても、現実が貧しいままだと、なかなか豊かな心になることはできません。

いま十分なお金を持っていないのに、「私はお金持ちだ」「裕福だ」などと思おうとしても苦しいだけですよね。

◆お金持ちのいる場所に行こう

では、どうすればいいかというと、現実、つまり環境を変えてしまえばいいのです。

たとえば、お金持ちが周りにたくさんいる環境にいたら、「お金がなくなったらどうしよう」なんていう心配をすることはなくなります。

「お金はあるのが当たり前」という思考が移り、さらには「こんな人でもお金持ちになれるんだから、自分もなれないとおかしい」という考えに変わっていきます。

「月に7桁、8桁稼ぐのが当たり前」と思っている人たちと付き合っていたら、その思考が移って、「月に6桁しか稼げてない自分の方が、何かを間違っているんだ」と気づけ、その違いを修正できるようになるのです。

これと同じように、お金持ちと接していると、最初は考え方や行動の違いに戸惑うこともあるけど、ずっと接しているとお金持ちの思考や行動が身に付いて、自分もお金持ちになるのが〝当たり前〟と思えるようになるんです。

だから、「お金持ちの思考がなかなか身に付かない」とお悩みの方は、まずはお金持ちがたくさんいたり、7桁、8桁稼いでいる人たちがいっぱいいたりする環境に身を置いてみてください。

そうすれば必ずその人たちの思考に影響されて、自分の思考も変わります。

環境が変わると、思考が変わる。
思考が変わると、行動が変わる。

行動が変わると、習慣が変わる。
習慣が変わると、成功する。

《環境→思考→行動→習慣→成功》

この流れを作れば、あなたの成功は間違いなしです。

CHECK

お金持ちと接すると、「当たり前」の基準が変わる

2 「お金持ちの言葉」を知ると、いいことが起きる！

「生まれたときに貧乏なのはあなたのせいじゃないけど死ぬときに貧乏なのはあなたのせいだ」
―ビル・ゲイツ―
「赤がなければ青を使えばいい」
―ピカソ―
「人生は思った通りにはならないが、思った以上にうまくいく」
―モゲ―
お〜〜〜〜〜
なるほど〜〜〜
フォフォフォ
考え方を身に付ける方法はたくさんあるぞよ

✦どこに住んでいてもお金持ちに出会える！

「周りにお金持ちがいないので、お金持ちに会う機会がありません」

と考えたことはありませんか？

でも、そんなことはありません。あなたはただ、気づいていないだけ。僕も長崎のど田舎で育ったので、周りにお金持ちはいませんでした。ただ1ヶ所を除いては……。それがどこかというと、図書館です。

図書館には世界中のお金持ちや大成功を収めた人たちの伝記や体験談、さらには本人が書いた本がたくさんあります。

私たちは読書を通じて、世界中の大金持ちや成功者たちと対話ができるのです。

ビル・ゲイツやイーロン・マスク、松下幸之助さんや斎藤一人さん……など。

世界中のすごい人たちと、好きなだけ対話ができます。しかもタダで。

✦心に響く成功者の言葉

毎日、毎日、お金持ちと対話する環境に身を置くとどうなるか?

英語を日常的に使っているうちに英語で考え、英語で表現するようになるのと同じで、お金持ちならどう考えるか、どう表現するかが自然とわかるようになるのです。

世界一の投資家、ウォーレン・バフェットがこんな質問をされました。

「投資家として大成功するためには何をするべきですか?」

ウォーレン・バフェットは言いました。

「本を手当たり次第、読むことです」と。

僕も地元の図書館にある投資や経済、成功者の本をとにかく手当たり次第に借りて読みました。

借金が3000万円あって、夫婦で土下座してお金を借りていた僕が成功できたのは、間違いなくこの経験のおかげです。

僕が影響を受け、役に立った本はたくさんありますが、その中でも特にオススメの成功者たちの言葉を紹介します。

「生まれたときに貧乏なのはあなたのせいじゃないけど、死ぬときに貧乏なのはあなたのせいだ」

――ビル・ゲイツ

「一回目、散々な目に遭う。二回目、落としまえをつける。三回目、余裕」

――矢沢永吉

「赤がなければ青を使えばいい」

――ピカソ

「自分の心と直感に従う、勇気を持ちなさい」

――スティーブ・ジョブズ

「金がないから何もできないという人間は、
金があっても何もできない人間である」——小林一三

「人生は思った通りにはならないが、
思った以上にうまくいく」——モゲw

CHECK

図書館に行き、
成功者の言葉に触れよう

3 たとえ貯金を使い果たしてでも、しておきたいこと

✦貯金を使い果たしてでも僕がしたこと

お金持ちになりたいのなら、お金持ちに聞いた方が早いし確実です。

こう言うと「お金持ちとは、どうすれば会えるの？」と必ず聞かれます。

確かに僕にもお金持ちの親戚や友達はいなかったし、会える機会は全然ありませんでした。

そこでどうしたかというと、半年間、高額な少人数の継続セミナーに申し込むことにしたんです。

そのセミナーは東京で開催していたので、長崎に住む僕は高額なセミナー受講料に加えて往復の飛行機代と宿泊費がかかり、あっという間に貯金を使い果たしてしまいました。

でも結果的に、それ以上の価値ある経験や学びを得ることができたんです。

なぜなら、受講生8名中4名は会社の社長さんで、セミナー同期ということもあり、どんなに年上でも、どんなに偉い人でも、みんな友達として接してくれたからです。

正直に言うと、僕はそのセミナーの講義内容よりも、社長さんたちと友達になって、経営者としての、お金持ちとしての「あり方」を学びたかったのです。

だから毎回、家でまとめてきた質問のメモを片手に、休憩時間になれば社長さんたちに話を聞いて回りました。

そして、頂いた課題などを毎月こなし、翌月にはそれらを報告し、宿題をもらったりしていました。

といっても、言われたことを僕がやっても、ほとんど失敗に終わってしまいます。

それでも社長さんたちは笑顔で優しく教えてくれました。

きっと、その失敗を喜んでいたと思います（もちろん、意地悪ではなく）。

当時よく、こう言われました。

「モゲちゃん、早く失敗しておいた方がいいよ。どうせ、大した成功もしてない人に、大した失敗なんてできないから」

当時はそんな言葉を聞いても、腹が立つばかりであまり納得いかなかったけど、いまならその言葉の意味がよくわかります。

だって、そのおかげで僕の今の口癖「とりあえずやる」ができたくらいだから。

お金持ちに会うためにケチらない

なので、お金持ちと会いたければ高額セミナーやワイン会、平日の高級バーやゴルフ打ちっぱなしなど、お金持ちが集まりそうなところに行けば、会える確率はすごく高くなります。

そう言うと「え〜、お金持ちに会うのにはお金がかかるんですか〜」という人も多いけど、たくさんのめずらしい動物や魚を見るために動物園や水族館にお金を払って見に行きますよね。それと同じです。

実際、年収2000万円以上の人は0・5％しかいないと言いますし。そこにお金をケチること自体がお金持ちから遠ざかる「貧乏マインド」になってしまいます。

それに、お金持ちは貧乏マインドの人には「近寄りたくない」と思っているから要注意！

CHECK

社長さんに会える機会があったら、お金を払ってでも行こう

4「儲《もう》からない仕事」を見切るとき

今いる環境は稼げる環境かね？
え？
環境？
頑張ることはとても素晴らしいことじゃが…
お金持ちになりたかったら稼げない環境で体を酷使するんじゃなくて
よいしょ
よいしょ
ちまっ
チャンスをつかめるところで頑張らないとじゃよ
やったー
たしかに!!

僕はこうして、会社に見切りをつけた

「お金持ちになるのは難しい」と思っている人のほとんどは、今と同じ環境で考えるから「難しい」と思うのではないでしょうか。

お金持ちになりたいのなら、まずは環境を変えた方がいいんです。

その中でも真っ先に考えないといけないのは仕事のこと。

本当にお金持ちになりたいのなら、ちゃんと儲かる仕事を選びましょう。

僕は大学を卒業して土木会社に勤めたのですが、土日も休みなく働いて月収13万円で、全然稼げませんでした。

そんな僕が稼ぐことを意識し出したのは、こんな出来事があったからです。

会社に月に一度、超高級車が停まっているのに気づいた僕は先輩に、

「あの車、誰のですか?」

と聞くと、先輩はこう教えてくれました。

「あれは、コンサルタントだよ。月に一回しか来ないのに10万円もらってる」

これを聞いて、

「えっ？　僕は1ヶ月休み無しで働いてるのに手取り10万円。それなら、コンサルタントの方がいいじゃん」

と思い、あっさり会社を辞めて、経営の勉強をするために専門学校に行くことを決めました。

でも、その学校が福岡にあったため、入学金や学費に加えて一人暮らしをするための資金も必要だということが判明したんです。

◆セールスの仕事が人生の転機に！

そこで僕は短期で諸々の資金を稼げる仕事を探して、見つけたのが完全歩合制のセールスの仕事でした。

正直、すごく怖かったけど「背に腹は代えられない」と入社し、2ヶ月でトップセールスを記録して資金が貯まったので即退社しました。
売上がゼロだと収入もゼロになるから超ハードで、同期入社の人たちは1ヶ月も経たずに全員辞めていきました。

そんな中で僕が入社してすぐにトップセールスになれたのには理由があります。

会社に入社してすぐに、トップセールスマンの営業トークの音声がみんなに配られたんです。
同期入社のほとんどの人はその音声を一度か二度聞いた程度で、すぐに営業に出かけていきました。

でも僕は「素人がいきなり売りに行っても誰も買うわけがないじゃん」と思ったので、会社にひとり居残り「いってらっしゃーい」「お帰りなさい」とみんなに声をかけながら、何日も会社で、音声を聞きまくっていたんです。

何日かすると一語一句完璧にトップセールスマンの話し方が身に付いたので、そこか

ら営業に行きました。

すると、アッという間にトップセールスマンになれたんです。

そのおかげで、たった2ヶ月で100万円貯めることができました。

環境を変えたらすぐに起こる結果も変わります。

いきなりお金持ちになるのは難しくても、その都度、

「このやり方、方法でお金持ちになれるかな？」

と自分に問いかけ、うまくいったことはそのまま続け、そうでなかったことは修正し、

それを繰り返していけば必ずゴールは見えてきます。

CHECK

「今のやり方で、お金持ちになれるのか？」と自問しよう

3章

「貧乏マインド」とサヨナラしよう

コレで「セルフイメージ」が上がる！

1

「すでにお金持ち」なことに気づこう

◆あなたが「すでにお金持ち」な理由

「なんで、うちにはこんなにお金がないんだろう」

こう考えている人は、それなりの結果を引き寄せます。たとえば、結婚式に呼ばれたり、子どもの塾の費用が高くなったり……。

「お金持ちになるなんて程遠い夢だな」と感じて、がっかりしますよね。

それにはちゃんと理由があります。

「お金がない」という前提でいると、いくらお金を引き寄せようと頑張っても、残念ながら引き寄せるのは「お金がない状況」なんです。

人が何かを叶えようとするとき、「望んでいるもの」が叶うのではなく、「信じているもの」が叶うからです。

「じゃあ、お金がない私は一生、貧乏ってことですか?」となりますが、そんなことはありません。

あなたはすでに、大金持ちなんです。

それをこれから、証明したいと思います。

ではまず目をつぶって、今、失いたくないもの、失ったらものすごく困るものを考えてみてください。


子ども、健康、パートナー、恋人、仕事……。

いろいろ、出てくると思います。

では、ここで次の質問。

あなたはそれをすべて失いました。

でも、それはお金を払えば取り戻すことができるとしたら、あなたはいくらだったら払いますか？


千円？　１万円？　１００万円？　１億円？　１００億円？　……

ほとんどのものは金額をつけられないほど高額になるのではないでしょうか。

これは実際、セミナーなどで試したこともあるのですが、ほとんどの人はこの大事なものを取り戻すために1億円以上払うと言います。

実際には、あなたはそれを失わずに今、持っていませんか？

ということは、あなたが今持っているものはお金ではないけど、1億円以上の価値があるということなのです。

おめでとうございます。これであなたも富裕層の仲間入りです。

◆もっと自分に自信を持とう！

そんな何億円以上の大切なもの、高額なものに毎日囲まれているのに「自分は貧乏だ」と思うのが間違いの始まり。

だから「お金持ちになりたいのに、なかなかなれない」という人は、まずは自分を勝手に貧乏にしていないか、確認してください。

昔から「類は友を呼ぶ」ということわざがあるように、「お金がない」と信じている人には「お金がないと思う出来事」が起こり、「お金がたくさんある」と信じている人にはそれ相応の出来事が起こります。

お金持ちになる第一歩は、たとえ貯金が0円でも、借金がいくらかあったとしても、「自分は貧乏だ」ではなく、「自分はお金持ちだ」と思うことから始まります。

CHECK

金額をつけられないほど大事なものをすでに持っている!

2 「悪い暗示」を自分にかけない

◆3つの思い込みに注意しよう

お金持ちになれない人には変な「思い込み」があります。

1章でもお話ししましたが、その思い込みが次の3つです。

> ①**「自分はすごく人に見下されている」**
> ②**「結局、最後はうまくいかない」**
> ③**「自分は運が悪い」**

まず1つ目の**「自分は人に見下されている」**ですが、冷静に考えてみたらわかりますが、人を見下すような人って全然〝すごくない〟人です。

その人がもし成功していたとしても、その成功は決して長続きしません。
だって、人を見下しながら成功し続けることなんてできないから。
だから、あなたを見下す人がいたら「あっ、この人は全然すごくない人なんだ」って気づくと、笑えて心がスッキリします。

2つ目の**「結局、最後はうまくいかない」**ですが、こう思う人には3つのパターンがあります。

パターン①：最後までちゃんとやってない人
最後までちゃんとやってないから、うまくいきません。
ちゃんと歯を毎日磨かないと虫歯になるのと同じです。

パターン②：やり方を間違えている人
これって、アメリカに行きたいのに、日本の中でがむしゃらに自転車を漕いでいるみたいな感じです。

これだとどんなに努力や苦労をしたって、目的地にたどりつくことはできません。

パターン③：「うまくいかないこと」や「関係のないこと」をずっとやっている人

海外で仕事をする予定もないのに英語の資格を取ろうとしても「それ、必要ないよね」となるだけです。

これらの3つのパターンに気づけば、最後は必ずうまくいくことがわかります。

そして3つ目の**「自分は運が悪い」**ですが、そもそも運が悪い人はこの世に生まれてくることができません。

広大な宇宙の中でこの地球に、そしてこの日本に生まれたことだけでも、どれだけ恵まれていることか！　「宇宙に存在する星の数は、地球の浜辺の砂の数よりも多い」と言う学者もいるぐらいです。
　そんな数の中からこの地球という美しく豊かな星に生まれ、さらにその中でも戦争や貧困に苦しんでいる国ではなく、日本という平和で豊かな国に生まれたことを考えれば、自分がどれだけ強運の持ち主かがわかります。

CHECK

ヘンな思い込みは、今日から捨てよう

3 「もし、お金がたくさんあったら……」と考えてニヤニヤする

✦心のブロックを外す質問をしよう

「どんなことを仕事にすればいいですか？」と相談されたら、僕は大体、「自分がワクワクするようなことを仕事にすればいいよ」と答えます。

でもなかなか行動できない人は「ワクワクするような仕事をやりたいけど、自分のやりたいことがわからない」って言うんです。

こういう人の潜在意識を見てみると「何をやっても仕事は辛いので、できれば仕事はしたくない」という心のブロックがあります。

そんなときはまず、「お金がたくさんあったら何をしたいか」を考えてみてください。

「半年に1回はハワイ旅行に行きたい」
「3ヶ月に一度は高級ブランドバッグを買いたい」
「週末にはステキな夜景の見えるホテルでディナーを楽しむ」
なかには「ホストクラブ通い（狂い）したい」とか、「キャバクラ通い（狂い）したい」

なんていう人もいるかもしれませんね。

まずは仕事のことは無視して、自分が好きなこと、やりたいことをひたすら考えてみるんです。

そのとき、自分が想像するだけでニヤニヤしてしまうようなことを取り上げて、さらにその想像（妄想）を膨らましてみてください。

きっとあなたは、とびっきりの笑顔になっていると思います。

すると「それを手に入れるために、まずは今の仕事を笑顔で頑張ろう」とか「今の仕事じゃこれは無理だな！　もっと割のいい仕事につくために頑張ろう‼」となります。

こうなれば「仕事は辛いので、できれば仕事はしたくない」というブロックが「仕事はやればやるほど自分の好きなものが手に入る楽しいもの」に変わるんです。

幸せなお金持ちって、仕事が楽しいから趣味と仕事の境界がほとんどありません。

だから、「やりたい仕事が見つからない」という人はまず、「たくさんお金があったら自分は何をするだろう?」とニヤニヤしながら考えてみたらいいですよ。

そうすれば、その笑顔に人が集まり、お金が集まり、さらには奇跡も起きやすくなります。

そして気づいたら「すべてがうまくいっていた」というふうになるんです。

CHECK

「好きなものを手に入れたい!」という思いが、お金を引き寄せる

4 毎月1回、リッチなことをしよう

✦ リッチなことをした方がいい理由

僕たち夫婦は結婚した当初、とても貧乏でした。

婚約指輪はもちろん、結婚指輪もなく、結婚式も挙げていません。

それなのに、借金はすでに3000万円ありました（笑）。

そんな僕たち夫婦が毎月1回、必ずやっていたことがあります。

それは、貧乏だけどできるだけ正装して、ステキなお店にランチに行くことです。


高いお店じゃなくてもいいんです。

そのときの生活レベルに合わせて行けるお店で十分です。

自分たちが「リッチなことをしたな」と思えることをするのが大事なんです。

ディナーだと軽く1万円を超えるお店でも、ランチなら3000円ぐらいで一流のお店の料理を堪能することができます。


なぜこのようなことをしていたかというと、お金はなくても、セルフイメージまで貧

乏にならないようにするためです。

先にも書いた通り、貧乏は稼げば治るけど、貧乏性はなかなか治りません。

だから、貧乏が習慣化して貧乏性にならないように、毎月1回は夫婦でリッチな気分になって、セルフイメージを高めていたのです。

◆幸せが何倍にも増える！

この行事、僕1人で行けば半分の値段で済むかもしれないけど、結婚してるので、やはり夫婦で行くことにとても意味があると思っています。

美味しい料理も1人で食べたらそれきりですが、2人で食べたら喜びを共有することができて思い出にもなり、幸せが何倍にも増えます。

さらには奥さん孝行になり、夫婦仲がさらによくなります。

夫婦仲が悪いとムダな出費が増えるので、夫婦仲がいいことはとても大事です。

何より、自分のためだけではなく「この人をもっと幸せにしたい」という気持ちは、稼ぐためのものすごいパワーになりますからね。

だから今でも、月に1回は子どもたちを預けて、夫婦2人だけで正装して食事に出かけます。

昔はセルフイメージを上げることがメインテーマでしたが、今は苦しいときに支えてくれた奥さんに対する感謝の気持ちを忘れないため。

よく、夫婦で昔の貧乏時代の厳しかったときの話をするのですが、今ではすっかり、それもいい思い出です。

もちろん独身の女性の方も正装して、月1回は高めの食事に出ることをオススメします。

そこで素敵な男性を見かけたり、女性の仕草も学べたりして、セルフイメージも上がります。実際、そこでお付き合いする男性を見つけたクライアントさんもいます。

CHECK

セルフイメージが上がり、素敵な出会いもある♪

5 わずか2秒で、自己否定しなくなる

なーなー
今夜焼き肉行こうぜ!
競馬で勝ったんだ〜
イェーイ
あ〜 どうしようかな〜
今月、お金ピンチだし…
いいですか? 自己否定しそうになったら笑うんじゃ
笑う角には福来たる
僕のお財布のお金が人助けに出かけていないいんだよね〜
なーんだじゃあ
オレがおごるっつーの!!
えっ ほんとやったー!

✦お金がなくても笑っているといいことが起きる⁉

できないことがあると、すぐに自分を責めていませんか？

自己否定が多いと成功しにくいですし、そもそも幸せになれません。

ではどうすればいいかというと、できない自分を否定するのではなく、いきなり肯定するのでもなく、まずはできないことを笑ってみるのです。

幸せなお金持ちの人たちを見ていて、完璧な人って今まで1人も見たことがありません。

みんな魅力的な人ではあるけれど、できないことはいっぱいあるし、なんなら普通の人よりできないことが多い人だっています。

でも、幸せなお金持ちに共通しているのは、自分ができないことを笑える人なんです。

うまくいかない人は、何かイヤなことがあったらすぐに不機嫌な顔をするし、周りに愚痴りはじめます。

これって冷静に考えてみたらわかりますが、最悪な5ステップになるんです。

①イヤなこと
←②不機嫌な顔
←③愚痴る
←④周りを嫌な気持ちにさせる
←⑤周りに迷惑をかける

だからお金がなくても、なるべく意識して笑顔でいるようにしましょう。

そりゃ人間だから、笑顔でいるのが大変なときもあると思います。

でも、お金も笑顔も出さないのに、不機嫌ばかり出すって最悪です。

お金も人も、怒っている顔より楽しんでいる顔に集まってきます。

だってミッキーマウスがいつも怒っていたら、ディズニーランドに行きたくなくなりますよね。

だから、お金がないときでも笑っていましょう。

どうせ、笑顔は0円ですからね♪


ちなみに僕はお金がないときに笑顔でいることで、周りから嫌味や悪口を言われたときでも、笑い飛ばすことができるようになりました。

だって人は、笑いながら怒れないですからね。

その結果、周りにたくさんの笑顔の人が集まるようになりました。


すると周りの人たちと面白いビジネスの話や、「どうすれば笑いながら稼げるか?」

の情報交換が楽しく行われ、ドンドン成功するようになったんです。

それと僕は、「お金がない」という感情に「かねなし君」と名づけていました。

そうすると、お金がない感情が出る度に、「また、かねなし君が出てきた。たまには亀梨くんでも出てきたらいいのに」と言って、笑いに変えることができるんです。

CHECK

いい笑顔に人も運も寄ってくる

6 貧乏神を追い払う方法！

◆成功者には「猫背」がいない

僕は今までたくさんの成功者を見てきて、あることに気がつきました。

それは「成功者には猫背がいない」ということ。

成功する、しないは別にしても、猫背になると暗く見えるのでいいことはありません。

それと、これは信じなくてもいい話なのですが、猫背で姿勢が悪いと疫病神や貧乏神に憑かれやすいんだそうです。

医学的にも猫背でいると呼吸が浅くなり、気持ちも落ち込みやすくなってしまうので、気をつけた方がいいですね。

もしあなたが「何をやってもうまくいかない。もしかしたら貧乏神にでも取り憑かれているのかなぁ……」なんて思うなら、これをぜひ、試してみてください。

◆背筋を伸ばして、こぶしを上げてみる

まず背筋をピンと伸ばし、胸を開きます。

もし「肩が重いなぁ」と感じるなら、肩甲骨をぐるぐる回して肩と胸の筋肉をほぐしてください。

そしてこれが極めつけ。

目線は少し上を見て、利き手を構えて、反対側の腕を腰に当て、「えい、えい、おー」と叫び、掛け声に合わせて利き手を上に突き上げるのです（叫ぶといっても、周りに迷惑をかけない程度の音量にしましょう）。

これだけで姿勢も真っ直ぐになり、邪気もはらわれて、貧乏神も退散しちゃいます。

それだけではなく、気持ちも上向きになり、運気もそれに合わせて上昇します。

だって、背筋を伸ばして、胸を張って、「えい、えい、おー」と叫びながら落ち込んでいる人って見たことないですよね。

ちなみに我が家では、いつも朝から「いってらっしゃい」の代わりに、家族みんなで

「えい、えい、おー」を言っています。

「今日も笑顔で楽しく頑張るぞ！　えい、えい、おー！」

CHECK

背筋を伸ばして上を向けば、
心も上向く♪

4章

だから、お金持ちはいつも「にこやか」

この「口グセ」「習慣」でドンドン好転する

1
「がむしゃらに」ではなく、「ラクに楽しく」やる！

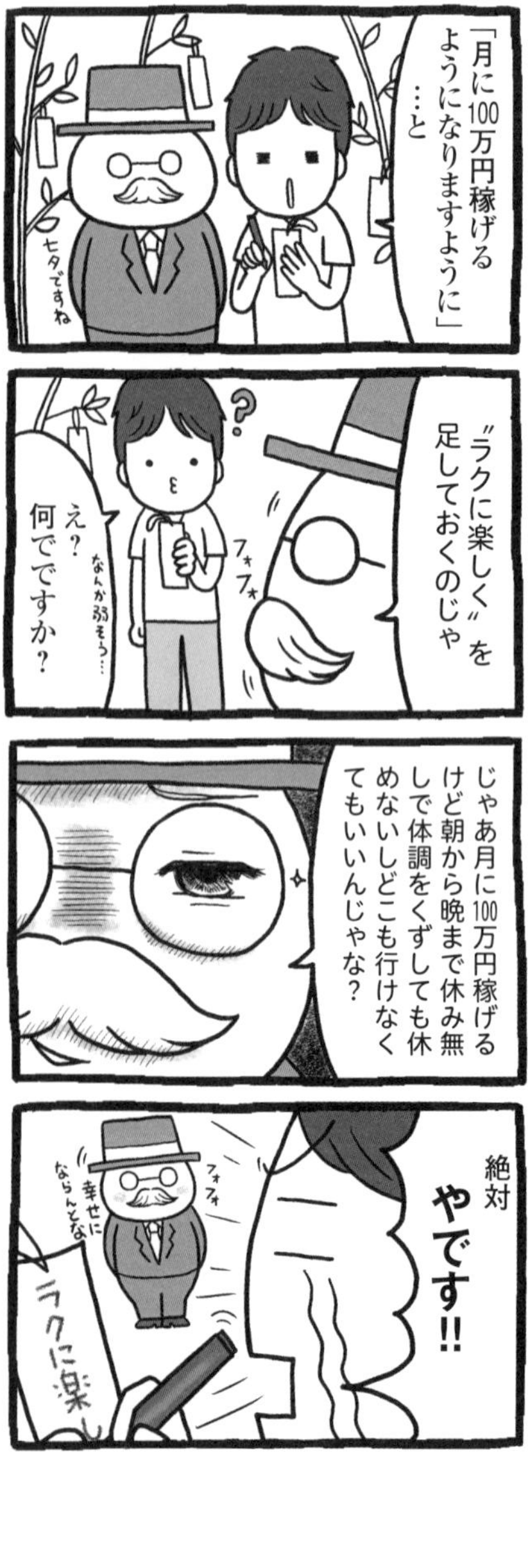

「月に100万円稼げるようになりますように」…と
七夕ですね
〝ラクに楽しく〟を足しておくのじゃ
フォフォ
え？何でですか？
なんか弱そう…
じゃあ月に100万円稼げるけど朝から晩まで休み無しで体調をくずしても休めないしどこも行けなくてもいいんじゃな？
絶対やです!!
フォフォ
幸せにならんとな
ラクに楽し

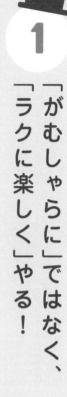

◆体を壊すまで働きづめな毎日から脱する秘訣

僕は起業したての頃は毎日めちゃくちゃ働いていました。

いま、振り返ってみると3年間は休み無し。そして、仕事のやり過ぎでドクターストップになったんです。

それをカバーするように僕の奥さんは、昼は看護師、夜は食堂のパートで一日中働いてくれました。

でも、そんなに頑張ってくれたのに気がつくと借金3000万円……。

絶対に、おかしい。何も悪いこともしてないのに、すごく頑張っているのに、お金はないし、体も壊すって、何かが間違っている……。

そこで気づいたのは、自分に対する質問の仕方を間違えていたということ。

貧乏な頃は「どうすれば月100万円稼げるか？」ということばかり、自分に尋ねていたんです。

だから、何とか月100万円は稼げるようになったのですが、疲労で倒れてしまいました。

そこで、質問をこう変えてみたんです。

「どうすれば〝ラクに楽しく〟月100万円稼げるようになるか？」

この〝ラクに楽しく〟という言葉がとても重要。人は意識したものしか目に入りませんし、記憶には残りません。

実際、〝ラクに楽しく〟と考えるようになってからというもの、ブログやSNS、オンラインサロンといった身近なツールの活用方法が変わり、**同じ労力で何倍も効果が上がる方法を思いつくようになりました。**

だから、自分が幸せなお金持ちになりたいなら、

「勉強を〝ラクに楽しく〟やるにはどうしたらいいか？」

「仕事を〝ラクに楽しく〟やるにはどうしたらいいか？」

といったように、**つねに「ラクに楽しく」という言葉を入れて自分に尋ねていれば、必ず〝ラクに楽しく〟やる方法が見つかります。**

どんなに自転車を一生懸命こいでもアメリカに行くことはできませんが、アメリカ行きの飛行機に乗れば寝ていてもアメリカに着きます。

それと同じで、やり方が間違っていたらどんなに頑張っても、どんなに苦労しても目的を叶えることはできません。

くれぐれも世間の常識や、自分自身の間違った思い込みに騙されないようにしてくださいね。

CHECK

自分に問いかける言葉を変えてみよう

2

「失敗した」ではなく、「経験した」と言う

うーん
イベントのクラファン全然集まらなかった
ダメだ〜
ずーーーん
どうしよう…
失敗し…
ポン
恥ずかしい
おやおや
フォフォ
“経験”しましたね
これを活かす次の手を
考えましょうか楽しいですな♪
はい！

「失敗した」は禁句！

たとえば、何らかのイベントをするために計画し、実行するとします。でも、うまくいくときもあれば、うまくいかないときもあります。これはごく、当然のことですね。

ここで一番大事なことは、うまくいかなかったときに「どんな言葉」を使うかです。

うまくいかなかったときに、それを「失敗した」と言うと、今後の成功を難しくしてしまいます。

でも、**「経験した」と言うと、今後の成功の確率がグンと上がります。**

ちょっとした言葉の使い方の差かもしれないけれど、この差はとても大きいんです。

みんなお金持ちになりたいし、成功したいけど、ほとんどの人がそのための行動を起こせないのは「失敗したくない」からです。

失敗することに対する周りの反応が気になったり、自分のプライドが許さなかったりと、「失敗すること」にすごく恐怖心を抱きます。

でもこれも一つの経験だと思えば、次に生かすことができるので、恐怖心もなくなります。

「これを活かすには、どうすればいい？」と考える

僕自身も、周りから見たら失敗に思えるようなことはたくさんしてきました。
イベントを企画しても、告知がうまくいかなくて集客できなかったり、価格設定がうまくいかなくて赤字になったり、足りない売上を労働時間でカバーしようとしてオーバーワークで倒れたりと、数え出したらキリがありません。
でも、そうした経験を活かしたからこそ、今の僕があるといっても過言ではありません。

経験は僕にとって宝物です。うまくいった経験も、うまくいかなかった経験も、すべてが大切な財産になっています。

どちらかというと、うまくいかなかった経験の方がネタにはなるし、ネガティブな経

験の方がより大きなパワーを生むので、うまくいった経験よりも重要な宝物になっています。まさに「失敗は成功の母」ですね。

だから僕は心の中で一瞬「さすがにこれは失敗だったかな」と思えることがあったとしても、「失敗した」とは絶対に言いません。

必ず「これを活かすには、何をすればいいか?」と考えます。

実際、周りの人で僕が「失敗した」と言ったのを聞いたことがある人は1人もいないと思います。

CHECK

うまくいかないときは「経験した」と言ってみよう

3 「３Ｄ言葉」を使ったら、幸せ言葉をつけ足そう

自分をダメにする「３Ｄ言葉」を紹介するぞよ
その①
でも…
その②
だって…
その③
どうせ…
この３Ｄ言葉が出てしまったときは
後ろにこんな感じの「幸せ言葉」をつけ足すのじゃ
フォフォ
うまくいく！
喜ばれそう
良さそ～
おわりよければすべてよし

✦「でも」「だって」「どうせ」の口癖に注意する

謙虚さはある程度必要かもしれませんが、自分を卑下し過ぎたり、自分を否定したりするのは良くありません。

実は、自分をダメにする「3D言葉」があります。

それは、「でも」「だって」「どうせ」です。

「でも、そんなこと言われても……」なんて、この「3D言葉」が口癖のようになっていませんか?

習慣とは恐ろしいもので、無意識にこういう言葉を使っている人は、知らない間に自分をダメにしてしまっています。

では、こういう言葉が口癖になっている人はどうすればいいのか?

それは、**つい「3D言葉」が出てしまったら、その後に続く言葉を「幸せになる言葉」に変えればいいのです。**

この地球はレストランと同じで、「パスタ……、いや、ラザニアで！」という感じで、最初にパスタが食べたいと口にしても「やっぱり、ラザニアでお願いします」と言えば、それがオーダーとして通ります。

だから、「でも」「だって」「どうせ」という言葉がつい出てしまったときは、こんな感じで幸せな言葉を後につけ足して言いましょう。

「でも……、みんなに喜ばれそう」

「だって……、あいつがうまくいくなら私も」

「どうせ……、うまくいく」

それでも、「そんな簡単にうまくいくわけ、ないじゃないですか！」って言う人がいるかもしれません。

でも、大丈夫！

そうやって**人の言うことを否定する人は、実は自己肯定感の高い人なんです。**

どういうことかというと、相手を否定したり、相手の悪口を言ったりする人は「自分が正しい」と思っています。

つまり、「相手が悪い」＝「自分は間違っていない」＝「自分が正しい」＝「自己肯定している」＝「自己肯定感が高い」ということになるんです。

だから、相手を否定したり、相手の悪口を言いたくなったりしたら、

「あっ！　私は自己肯定感が高いんだ！」

「あっ！　私は自分が大好きなんだ！」

ということに気づいて行動すれば、あなたの人生はドンドンうまくいくようになりますよ。

CHECK

ネガティブな言葉の後に、「幸せな言葉」をつけ足そう

4 大嫌いな相手を0・2秒で笑い飛ばす方法

◆ 3つの方法がオススメ!

相手を否定したくなったときの対処法を述べましたが、では相手に否定されたときにはどうすればいいのか。

一番やってはいけないことは、**「自分は否定された……」と落ち込んだり、「自分はやっぱりダメなんだ……」と自己肯定感を下げたりすることです。**

相手に対して文句を言うとか、相手を否定し返すという方法もありますが、こういうことって大体争いにつながるので、あまりオススメできません。

そこで、僕がオススメする、大嫌いな相手を笑い飛ばせる「3つの方法」をお伝えします。

1つ目は、「相手にクスッと笑えるようなあだ名を勝手につける」です。

たとえばいつも文句を言ってくる、髪の毛が薄い上司がいたら心の中で「ザビエル」と名付けます。そして、怒られてムカついたら、友人にこんなふうに話してみます。

「ザビエル、今日も頭から湯気が出てたよ。あんな偉そうなこと言う前に、まず自分がやってから言えよ！　って言いたいね」

これなら、悪口を言ってもザビエルの名前が強烈過ぎて愚痴っている内容が入ってこず、言っている側も聞いている側も笑顔になって、落ち込む必要がなくなります。

2つ目は、「相手を勝手にイメージで赤ちゃんに戻してみる」です。

どれだけ〝いかつい人〟でも、どれだけ偉そうな人でも、みんな昔はオムツを履いて、お母さんのおっぱいを吸って、泣いていたんです。

そう思うと、可愛く見えて、笑えてきます。

すべての大人は赤ちゃん出身ですからね。

そして3つ目は、「あんなふうに育てられなくて良かったと思う」です。

これなら、ムカつく人が出てくる度に笑えて、さらに親に感謝できます。

たとえばロクデモナイ人が現れたら、その人に対して怒ると、同じレベルの人になってしまうので、0・2秒でサッと逃げてこう思えばいいんです。

「あ～、あんなふうに育てられなくて良かった。あんなふうに育てられたら生涯孤独で、寂しい人生だったからね。そう考えると、今まで親に色々文句も言ったけど、こうやってまともに育ててくれた親に感謝だな～♪」

さらに、「そういえば、お父さん、お母さん、元気にしているかな？　今日は久しぶりに電話してみよっと」となれば、もう怒りがおさまっているだけではなく、いつの間にか笑顔になっています。**いつも怒っている人より、笑っている人の方が絶対に魅力的ですし、味方も増えますからね。**

CHECK

笑っているうちに嫌なことを忘れられる

5

「お金がない」は禁句です

お金がない
カラ…
お金の心配ばかりする
どうしよう
困った
怖い
お金
お金ない
お金ほしい
どうしよう
判断がにぶる
お金が貯まる貯金箱
10000円
5000円
Sale50%OFF
無駄遣いする
半額だから得してる
これください…
CASHER
フラ…

※ふり出しに戻る

✦お金持ちが口にしない言葉とは？

お金持ちになりたいのなら、どんなにお金がなかったとしても「お金がない」なんて言わない方がいいですよ。そもそも、「お金がない」「運が悪い」と言っている人でお金持ちになったり、運が良くなったりする人を見たことはないですよね。

「お金がない」や「運が悪い」という言葉は言えば言うほど貧乏神を呼び寄せて、お金も運も遠ざけます。そんな人に運よくお金が回ってきても「今回はたまたま入ってきただけ」とか、給料が上がっても「コレぐらいしか上がらなかった」と言って、お金が増えたことに感謝できません。

感謝できないと、お金も運も、せっかく来ている流れを止めてしまうことになるんです。ですから、「お金がない」という言葉は禁句なんです。

CHECK

感謝できないと、お金も運も逃げてしまう

6 「ブラックエンジン」が「ホワイト」に切り替わるとき

✦ 気持ちが切り替わった言葉とは？

1章で、人が「何事かを成そう」とするとき、その大きさに見合った機動力を発揮するためのエンジンが必要になるとお話ししました。

このエンジンは2種類あります。「誰かを幸せにしたい」といった「ホワイトエンジン」と、「あいつを見返してやりたい」といった「ブラックエンジン」です。

僕は最初はバンバン、ブラックエンジンを使っていました。でも、コンスタントに売上が100万円を超えるようになってくると、気持ちに変化が生まれ、それに合わせて起きる現象も変わっていったんです。

ちょうどその頃、こんなことがありました。

昔、手取り10万円の土木作業員として働いていたときの上司に偶然、飛行機の中でお会いしたんです。

僕の座席はプレミアムクラスでしたが、元上司はエコノミークラス。

それを知った元上司は、

「すごいな！　お前の会社で働かせてくれ！」

と言いました。

土木作業員として働いていたときは苦しくて、辛くて、理不尽に感じることもたくさんありました。その時期は、僕の中でも黒歴史の一つで、思い出したくはありませんでした。

でも、元上司のその言葉を聞いた瞬間、過去の苦労がすべて報われた気がしたんです。過去の辛い経験や、頑張った自分、そして自分を認めてくれた元上司に感謝の気持ちが湧いてきました。

まさに、ブラックエンジンからホワイトエンジンに切り替わる象徴的な出来事でした。

たとえ今は試練のときで、大変だなと思うような出来事が続いていても、自分を信じて打ち込むことで、いずれ必ず何かが変わっていきます。

ウォーレン・バフェットの若かりし頃

現在90歳を超えてなお、投資の世界で活躍し続け、10兆円ほどの資産を持つ世界一の投資家ウォーレン・バフェットもこう言っています。

「私が他人にお金のことで助言するのが最も得意だったのは、21歳のときだった。その頃、誰も私の話を聞こうとはしなかった」と。

でも、あきらめずに頑張った結果、世界中の人々が知る大富豪になりました。

最初は、周囲の人に相手にされなくても、自分の中のブラックエンジンを上手に使っていきましょう。やがて、そう遠くない日に、ホワイトエンジンを発動する日がやってくるはずです。

CHECK

稼ぐ額が変わると、起きる現象も変わっていく

7 本当に大切な「4つのこと」を実践する

月に7桁8桁稼ぐために大切なこと
①自分に正直になる
なで
なで
本当のキモチ
②自分を好きになる
ハァ～ステキ♡
SNS
③健康な体をつくる
ふ～
フォ
フォ
④旧友をフェイスブックから外すまたは新しいアカウントで始める
←学生時代の
NEW

✦月に8桁、楽しく稼げるようになる4つの秘訣

「月に7桁、8桁のお金を稼げるようになるためには、血のにじむような努力や苦労をしなければならない」と思っているかもしれませんが、そんなことはありません。

僕も最初はそう思い、寝る間を惜しんで頑張った時期もありましたが、その結果、体を壊してしまいました。

でもその経験のおかげで、〝本当に大切なこと〟が見えてきて、今ではセミリタイアしながら楽しく月に8桁稼げるようになれたんです。

そんな僕が「月に7桁、8桁稼げるようになるために必要なこと」を厳選し、4つにまとめました。僕がコンサルするときに必ずお伝えしている方法です。実践できた方は間違いなくお金持ちの仲間入りをしている秘伝中の秘伝の方法です。

その1　自分に「正直」になる

あるクライアントさんは、「自分が旦那さんより稼ぐと旦那さんが嫌な気がするんじゃないか、仲が悪くなるんじゃないか」と恐れていました。それに対して僕は、

「でも、あなたは稼ぎたいんだよね？　自分に正直になって、旦那さんに確認してみたら？」

と言ったんです。するとその方は、怒られるのを覚悟の上で、自分に正直になって旦那さんに聞いてみました。

その結果、旦那さんは、

「俺より稼いでいいよ。というか、俺、主夫やりたいし」と答えたそうです。その言葉のおかげで、クライアントさんは思い切り楽しく仕事ができ、あっという間に月８桁に届き、今では億女になりました。

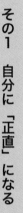

自分に正直にならないと、自分が本当にやりたいことがわからなくなってしまいます。

それに、自分に正直になれない人が、お客さんに正直になれるはずがないですよね。

そうなると起業してもお客さんに信用されず、信頼関係も築けなくなってしまいます。

お金は人が運んでくるものです。自分のことも信じられず、人からも信じられないと、そこにお金は運ばれてきません。

だから、まずは自分に正直になることが大事なのです。

その2 自分を「好き」になる

お金持ちになる人は、間違いなく自分が好きです。

自分に自信が持てなかったり、自分にダメ出ししていた人でも、どこかの時点で自分を信じて、好きになるという体験をしています。

ベタな言い方ですが、自分を否定しないこと――。

まずは、ここから始めてください。

とにかく自分をいたわって大事にしてあげてください。そのうち不思議なほど力が湧いてきて運も味方してくれる時期がやってきます。

それに、月に7桁、8桁と稼げるようになってくると、間違いなく周りから嫉妬されます。

インターネットで誰かもわからない人から、容赦なく冷たい言葉をかけられたりもするんです。

すると、せっかく幸せに稼げるようになったとしても、自分のことを好きじゃないとすぐに悪口にやられて挫折してしまいます。

だから、誰に何を言われようと自分を〝好き〟でいる。

いや、8桁稼ぎたいのなら〝大好き〟じゃないとダメですね。

その3　「健康な体」をつくる

健康な体じゃないと仕事も続かないし、気持ちも落ち込みがちになってしまいます。するど、せっかくのチャンスを見逃してしまうんです。本当にもったいないです。

健康な体を維持するためには、日々の生活の中で健康を意識していくことが重要です。

たとえば、ジャンクフードはあまり食べない。
5分でも10分でもいいので、ウォーキングを毎日する。

こんなふうに、とにかく簡単にできるものでいいから、毎日健康を意識して、楽しくやることが大事です。

小さなことに思えますが、僕は不摂生な生活を改めることで、目の前の仕事を頑張れるようになり、次のステージに上がるきっかけをつかみました。ぜひ今日から実践してほしいです。

その４　学生時代や会社員時代の友人をフェイスブックから外す。または「新しいアカウント」で始める

実は、これが一番大事です！

昔からのアカウントをそのまま使うと、何をするにも昔の知り合いの目を気にして行動できなくなってしまいます。

髪の色を変えるだけでも、「何か言われるんじゃないか」と気になって変えるのを躊躇してしまう人もいるぐらいです。

実際、新しいことをしたり、新しい世界に羽ばたこうとすると、昔の知り合いからいろいろ言われたりすることはあります。

なかには、足を引っ張るようなことを言ってくる人もいたりするんです。

だから、稼ぐための準備をするなら、SNSのアカウントも新しいものを準備し、心機一転、新しい世界に進出するくらいの気持ちで臨みましょう。

ＳＮＳだけでなく、実際、僕みたいに田舎から都会に引っ越すことで、周りの目を気にすることなく、成功した女性もたくさんいます。その方々は口を揃えてこう言います。

「都会に来て気づきました。私の成功を止めていたのは、身内と近所の目と自治会だ」と。

CHECK

自分を大事にしつつ、古い縁を切って前に進もう

8 成功者は手が早い

彼女が欲しいんですか？
じゃあどんどんいきましょう
え!?
すみません
ちょっとお茶でも…
あ　ダメですか
すいません
ニコ…
カァァァ
ほら～
やめましょうよ～
何言ってるんじゃ
もっとステキな人がおるぞよ
ぐい
ええっ!?
すごい!!
これがお金持ちマインド!!
つよいし早い!!

✦ビジネスを恋愛にたとえてみる

ビジネスと恋愛はすごく似ています。
どこが似ているかというと、「ドンドン〝告白〟できる人がうまくいく」ところです。
ビジネスも恋愛も同じで、相手に告白しないと始まりません。

たとえばビジネスでステキな商品ができたら、次々に告白（販売、営業）すればいい。
1日に10人の女性にフラれたという記録を持つ僕が言うのもなんですが（笑）、好きな人ができて告白するのは、いい商品ができたので「この商品、すごくいいけど欲しい？」って聞くのと同じことです。

相手に「いや、いらない」と言われたら、他に欲しいお客さんを探すか、商品自体を改良したり、キャッチコピーを見直したりするだけでいいんです。

落ち込む必要はありません。

恋愛でも、好きな人に告白してフラれたのなら、自分を見直すか他にステキな人を見つけるだけ。

よく、告白が成功せず「終わった……」と勝手に落ち込んでいる人がいるけど、そもそもまだ始まってないのだから、落ち込む必要はないんです。

もしも商品が売れなかったとしたら改良すればいいですし、お客さんを見直せばいいんです。

あるいは、恋愛がうまくいかなかったとしたら、さらにステキな相手に出会うチャンスができた。ただ、それだけなんです。

だから、商品ができたらあまり難しく考えずに「こういう商品できたけど、どう?」と、軽く聞いてみます。

好きな人ができたら「ちょっと聞きたいことがあるから、ランチおごりますのでどうですか?」と、軽く誘ってみます。

そして、**ダメだったら次。すごくシンプル。**

昔から、ビジネスがうまくいく人は「行動が早い人」で、恋愛がうまくいく人は「手が早い人」って決まっています♪

だから、どんどんやってみましょう。

観音様でさえあの手、この手を出して千手観音になったぐらいですからね。

人間だって千も手を出せば、どれか必ず当たるから安心していいですよ。

CHECK

チャレンジすれば、いつか成就する！

5章

「いいこと」ばかり起きてサイコー！

知っておきたい「お金」と「運」のつかみ方

1 自分が生きる世界は選べる

◆世界が変わらなくても、ハッピーになれる方法

突然ですが、あなたにとってこの世界はどんなふうに映っていますか？
最悪な世界？
それとも最高の世界？
正直者は損をする世界？
それとも苦労は必ず報われる世界？
あるいは、理解できないことばかりのよくわからない世界？

それがどんな答えでも、それがあなたの見ている世界だから、すべて正解です。

ではなぜ、同じ世界に生きて、真実は1つであるはずなのに、人それぞれに見える世界が変わってくるのか？

それは、今の自分が不幸なら世界は不幸に見えるし、幸せなら世界は幸せに見えるし、よくわからなければ、そうした世界に見えるからなんです。

これって、思い切って好きな人に告白したときのことを考えればわかりやすいです。

告白して、フラれたらこの世は最悪な世界になるし、付き合えたら最高にハッピーな世界になりますよね。

でも実際には、この世界は1ミリも変わっていません。

だから、あなたが見ている世界を変える一番いい方法は、あなたが幸せになればいいだけ。それだけでこの世はハッピーな世界に変わります。

今いる場所から出てみると

それともう1つ、今見えている世界をあっさり変える方法があります。

それは、〝世界を変えるのではなく、その世界を出る〟のです。世界を変えるのはすごく労力や時間がかかるけど、その世界を出て新しい世界に行くのはとっても簡単。


かつて僕は長崎に住んでいましたが、今は東京に移住して仕事をしています。

なぜ、東京で仕事をしているかというと、長崎では僕の仕事が認知されにくいから。

ただ、それだけ。

たとえば、東京では常に満席になるセミナーを長崎でやっても、集客にかなり苦労すると思います。

つまり僕は、仕事が認知されにくいこの世界（長崎）を変えようと頑張るのではなく、すぐに認知してくれる世界（東京）に移ったのです。

どんなに頑張っても解決しない問題が、世界が変わればいとも簡単に解決してしまうこともあります。

だからもし、今のあなたが「自分は不幸だ」と思うのなら、それは「あなたが不幸な世界に生まれた」のではなく、「あなたが幸せになる世界を選んでいない」だけなんです。

CHECK

幸せになれる場所へ行こう

2 学校では教えてくれない「成功」と「幸せ」の違い

幸せを意識すると、気持ちも行動も変わる

みんな「成功したい！」し「幸せになりたい！」と思っています。

でも、「成功」と「幸せ」の違いを知っている人ってほとんどいません。

「成功」も「幸せ」もみんなが望むことで、そういう意味では似ているけど、その本質とか実態は違います。

まぁ、「お金持ちのなり方」と一緒で、学校では誰も教えてくれませんからね。

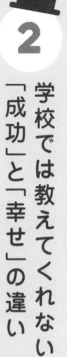

そもそも、先生も知らないと思います。

「成功」と「幸せ」の違いを対比させると、こうなります。

【成功】		【幸せ】
達成するもの	↔	感じるもの
行動が必要	↔	「感じる心」が必要
時間がかかる	↔	今スグなれる
頑張る	↔	頑張らない
思考・理性に従って動く	↔	直感のまま動く

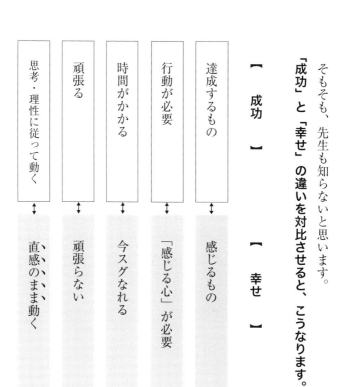

男性脳（男性性）	↕	女性脳（女性性）
条件あり	↕	条件なし

いかがでしょうか。こうして見てみると、いろんなことがわかってきます。
たとえば、結婚は成功であり、幸せではない。
その証拠に、結婚しても幸せじゃない人はたくさんいます。

結婚は1つのゴールとも言えるけど、それを手に入れただけで幸せになれるわけじゃないんです。
パートナーとどんな関係を築いていきたいのか、どんな結婚生活を送りたいのかを考えて、そのイメージに近づくにはどうしたらいいのか、少しずつ工夫することで、幸せに近づけるんだと思います。

これは、お金持ちにもいえることです。

お金持ちになることは成功といえますが、必ずしも幸せになれるわけではありません。

結婚と同じで、不幸せなお金持ちはけっこういます。

でも私たちは、幸せなお金持ちを選ぶこともできるんです。

そのための本書なのです。

ぜひ、幸せなお金持ちになる準備を始めてください！

CHECK

単なるお金持ちじゃなくて、「幸せなお金持ち」になろう

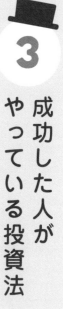

3 成功した人がやっている投資法

お金の投資は年利5%ぐらい

お金を増やしたければ投資をすればいいんですが、大事なのはその投資先です。

リターンが大きいものはリスクも大きいし、リスクが少ないものはリターンも小さい。

株式投資でだいたい平均で年利5%くらいと言われています。

ということは、100万円投資して、1年後には105万円になっている感じです。

「投資の神様」と呼ばれるウォーレン・バフェットでさえ、だいたい年利20%ぐらいと言われているので、100万円投資しても1年後は120万円にしかなりません。

✦自分への投資はリターンが大きい！

では、何に投資すればいいかというと、まずは自分に投資すればいいのです。

僕も起業当時、まったくお金がない状態から自己投資を始めた結果、収入は4000倍増えました。

僕のクライアントさんの中には、10000倍になった人だっています。

自己投資の中でも一番効率が良く、ローリスクハイリターンなのは、なんと言っても「読書」です。

1日に1%でもいいから自分が成長するための読書をしていけば、複利で計算すれば年間で37倍も成長していることになります。

では、どんな本を読めばいいかというと、まずは自分が興味のあることや、おもしろそう、ためになりそうと思うものを片っ端から読めばいいです。

ただそれだけだと偏りが出る可能性もありますから、あなたの尊敬する人や、成功している人に「どんな本を読んでいるか」を聞いて参考にするのもいいですね。

◆ぜひやってほしい「他者投資」！

次にオススメするのが「他者投資」です。

仲間や家族、お客さんなど、大好きな人に「投資」してみます。

これは別にお金がかかることに限ったことではなく、**とても勉強になる情報などを直接伝えてあげる、あるいはSNSやブログなどを通じて提供する方法もあります。**

相手が求めているもの、相手が得することを教えてあげると非常に喜ばれて、その喜びの輪が循環して大きくなり、思ってもみないようなすごい結果を生み出すことだってあるのです。

幸せなお金持ちになるための加速をつけたい人には絶対にオススメします。

「徳積み投資」は大谷選手もやっている

そして最後に紹介するのが、「徳積み投資」です。

どんなことをすればいいかというと、自分ができる範囲で誰かの役に立つことなどの「徳積み」につながることをすればいいのです。

たとえば、コンビニのトイレが汚れていたら簡単に掃除して出てくるとか、いつも笑顔でいる、困っている人がいたら優しい言葉をかけてあげる、少額でいいので募金してみるなどです。

この「徳積み」ですが、最近特にこの重要性を口にする人が増えているような気がします。

その理由は、メジャーリーグで二刀流の大活躍をしている大谷翔平選手の影響が強いのではないでしょうか。大谷選手がグラウンドにゴミが落ちていたら、ごく自然に拾って自分のポケットに入れるのは有名な話です。

あるとき、マスコミから「なぜゴミを拾うのか」と聞かれた大谷選手はこう答えたそうです。

「ゴミは人が落とした運。ゴミを拾うことで運を拾う。それが自分のツキを呼ぶ。高校の先生にそう教えられたから」と。

「徳積み」の効果って、即効性はないですが、やっていれば周りから愛され、応援されること間違いなしです。大谷選手の活躍を見ていれば疑う余地はありませんよね。

CHECK

本を読んだり、「徳積み投資」をしてみよう

4 人生で大切な「あいうえお」

会長との出会いが転機になった

先日、10社以上のグループ会社の会長の還暦祝いを個人的にさせてもらったときの話です。

その方には12年前、僕が借金3000万円を抱えながらも毎月寝袋を持って東京に来ていたときにとてもお世話になりました。

出会いのきっかけは12年前のチャリティーセミナーだったと思いますが、たまたま話す機会があり、そのときからずっと優しくしてくださっています。

12年前のある日、会長は午前中に100名以上の前で講演をしていたにもかかわらず、午後からは僕が主催したセミナー（参加者たった4名）で無料で講師をしてくれました。

そのセミナー後の懇親会でも、僕が予約していた居酒屋に参加者が誰も来なかったので、会長が行きつけにしている超一流のお店に連れていってもらったのです。しかも、会長のおごりで（笑）。

高級なレストランは12年前の僕にとっては初めての体験。

当時の僕は借金3000万円を抱えた超貧乏だったのでバッグも買えず、スーパーのビニール袋を10個ぐらい持って移動していました。

そのとき「恥ずかしいからバッグぐらい買えよ！」と会長に説教されたことを懐かしく思い出します。

レストランの料理はどれもすごく美味しく、もちろん、サービスも超一流。

お店はビルの4階にあったのですが、会長と僕が食事を済ませて帰ろうとエレベーターで4階から1階に降りたら、その先には先程、4階で僕らを見送ってくださった店員さんたち10名ほどがズラーッと両脇に整列！

「ありがとうございました！」とお見送りされたのには、流石に度肝を抜きました。

その後も、いろいろな場面で目をかけてくださいました。

本を書くきっかけはこんな出会いから

ド貧乏時代から12年経った今、会長と二人で馬刺しをつつきながら会長の還暦をお祝いできるのは、最高のひとときでした。

その二人だけの還暦祝いの際に、会長に、

「おまえ、本を何冊も出してすごいな。最初はどうやって出せたんだ？」

と聞かれ、初めて気づいたことがあります。

僕が出版できたのは会長が主催した1000人規模のチャリティーイベントでの出会

いのおかげです。

そのとき、10万円のＶＩＰ席があったので「会長が主催なら！」と、またもやお金がなく借金３０００万円あるにもかかわらず、奥さんと相談して即購入。

その参加したチャリティーイベントで僕の隣のＶＩＰ席に座った女医さんと話がはずみ、その方が出版社を紹介してくださったのです。

それからは毎年のように本を出せるようになり、日本だけではなく海外でも出版できるようになりました。


本当に、人生って不思議です。

あのとき、東京に寝袋を持って行ってなければ……

あのとき、会長と会ってなければ……

あのとき、10万円のＶＩＰシートじゃなかったら……

僕の人生は、今とはまるっきり違う人生になっていたはず。

✦人生で大事な「あいうえお」とは？

そこで気づいたのですが、日本語は人生で一番大事なものを50音順で真っ先に表しています。

それが「あいうえお」、すなわち、あい（愛）うん（運）えん（縁）おん（恩）です。

あい「愛」を出すことにより、

う「運」が良くなり、大切な人との

え「縁」ができて成功し、

お「恩」返しができる。

人生の「あいうえお」。

これからも大切にしていきたいと思います。

CHECK

感謝の気持ちが、運も縁も引き寄せてくれる

5 「えん」の法則

✦ 学ぶべきときに、出会いがある

「成功していくと友達がいなくなりそうで怖い」

そう言って、無意識に自分にブロックをかけて前に進めない人は意外と多くいます。

実際、自分が成長してくると今まで友達としていた会話が、こう言ってはなんですが、すごく意識の低い内容に思えてきたりするのです。

哲学者の森信三氏はこんな言葉を残しています。

「人間は一生のうちに逢うべき人には必ず逢える。

しかも、一瞬遅からず、早からず」


まさにこれが人との「縁」だと思うんです。

人と人とが出会い、互いに刺激し合って成長していくのですが、その速度や方向は人それぞれです。


だから、速度や方向が違ってくると付き合いが次第に遠のいてきます。

必要な「縁」もその役割を終えると「遠《えん》」に変わるのです。

遠ざかっていく「縁」があれば、新たに出会う「縁」もあり、その縁は更なる出会いを生み、まるで「円」を描くようにつながっていきます。


そのつながりを大切にしていくと新たな価値が生まれ、「¥《えん》」に変えることができるのです。

✦「えん」の法則は、引き寄せの法則

ちなみに、先に紹介した森信三氏の言葉には続きがあります。

「しかし、内に求める心なくば、眼前にその人ありといえども縁は生じず」

幸せになりたいのであれば幸せを求める心、お金持ちになりたいのであればお金を求める心が必要です。

結局のところ、良縁も悪縁も、あなたの学びに必要なので起こります。「えん」の法則は「引き寄せの法則」と言い換えることもできるのです。

もし「いい人との出会いがないなぁ」とか「もっとお金が欲しい」と思うなら、まずは自分の心の〝あり方〟を振り返ってみるのも重要ですね。

本書を読んで、ちょっとでも「いいな」と思えることがあったらやってみてください。

そこから、明日が変わっていきます。
大丈夫、あなたならきっとできますよ。
応援しています。

CHECK

どんな出会いも学びになり、良い未来につながっていく

なんかみんなで幸せになりたいな
ブーーーン
ホワイトエンジン

おわりに

最後までお読みいただき、本当にありがとうございます。

よく、クライアントさんから「お金持ちになるために〝一番重要なこと〟ってなんですか?」と聞かれることがあります。

何が最重要かはその人によって違うので、一概には言えませんが、僕にとって〝これがなければお金持ちになれなかった〟というのはあります。

それは〝信じること〟です。

僕自身が「お金持ちになれる」と信じていたので、そのために必要な勉強はやめなかったし、挑戦もやめませんでした。

その間、何度も失敗し、頑張りすぎて体を壊してドクターストップがかかったこともあるし、正直なところ、何度かくじけそうになったことはあります。

それでも、自分を信じ続けることができたのには理由があります。

それは、奥さんが僕のことを信じ続けてくれたから。

お金がなくて結婚式も挙げられず、僕の収入が安定しないから携帯電話の支払いにも困る月もありました。

奥さんは昼間の仕事だけでも大変なのに、足りない生活費を稼ぐために夜も食堂でアルバイトをしてくれました。

それでも生活費が足りなくなり、夫婦で土下座をしてお金を借りに行ったことさえあります。そんなことがあったにもかかわらず、奥さんはずっと変わらず、僕を信じ続けてくれました。

あなたも、まずは自分を信じてください。

今、信じることができなければ、信じることができるまで、学びをやめないでください。

そうすれば、あなたの前にも、あなたのことを自分以上に信じてくれる人が必ず現れます。

僕も、あなたがお金持ちになれることを信じているうちの一人です。

心配いりません。きっと、あなたの願いは叶いますよ。

だって僕はそのためにこの本を書かせてもらいましたから！

最後になりましたが、この本で得られる著者の収益はすべて、起業家支援、被災地支援等に使わせていただきます。

いつもありがとうございます。感謝！
あなたがますます〈成幸〉しますように。

2024年3月吉日

森瀬繁智（モゲ）

本書をお読みくださったあなたへ

もっと幸せなお金持ちになれるプレゼントのご案内

本書をお読みくださったあなたへ
森瀬繁智（モゲ）より、感謝の気持ちを込めてプレゼントを用意しました。
本書では紹介しきれなかったタイプ別幸せなお金持ちになる具体的な方法をまとめた特典ＰＤＦをプレゼントします！　無料なのでご安心ください(笑)

プレゼント内容

自分で稼ぐだけじゃない！
タイプ別１億円稼ぐ方法
～稼ぐのはあなた？ 彼氏？ 旦那？ 子供？～

こちらの QR コードを
読み取っていただくと
モゲ公式 LINE が開きます。
登録後、特典 PDF4点を
お受け取りいただきます

＋

さらに追加特典！

モゲ公式 LINE にキーワード **幸せなお金持ち** の７文字を
送信いただくと「幸せなお金持ちになる 30 の習慣」をお送りしまーす（＾＾♪

※このプレゼント企画は予告なく終了することがあります。
※このプレゼント企画は森瀬繁智（モゲ）が実施するものです。
　プレゼント企画に関するお問い合わせは（https://xn--sck1e.com/#contact）までお願い致します。

著者略歴

森瀬繁智（モゲ）（もりせ・しげとも）

ワライフナビゲーター＆作家、億女メーカー

3000万円の借金を抱え、仕事をやりすぎてドクターストップがかかり、お金もなくなり夫婦で土下座してお金を借りる生活を送っていた。

その後、人生を見直し、楽しくラクに笑いながら仕事ができるワライフを作り、大成功。

今では、セミナーや個別セッションは「1回で人生20年分を飛び越える効果が出る」と言われ、クライアントの長年の思い込み（ブロック）を笑いで一刀両断。そのアドバイスは予想のはるか斜め上から飛んでくると言われる。高額セッションにも関わらず、予約は数ヶ月先まで満員。

主に女性起業家をコンサルし、月商7桁、8桁超え、億女のクライアントを多数輩出。

海外セミナー（ドバイ、香港、マカオ、シンガポール、バリ、ラスベガス、ハワイ）も大盛況。掲載多数。

著書に『お金持ちスイッチ押しちゃう？』『LOVE & MONEY』（共にマキノ出版）、『すごい！お金持ちチェンジ』（KADOKAWA）、『キミは怒る以外の方法を知らないだけなんだ』（すばる舎）、『まんがでよくわかるミリオネア・ハビット 幸せなお金が増え続ける習慣』（プレジデント社）があり、
そのうち、3冊は翻訳されて海外でも販売されている。
現在は大好きな奥さん、子どもたちとセミリタイアを満喫している。

●一般社団法人　日本ワライフ推進協会　代表理事
●一般社団法人　お金の気持ち研究所　代表理事
●株式会社　WaLife　代表取締役
●オンラインサロン「幸せなお金持ち養成所（SOY）」校長

キミは、幸せな「お金持ち」になる方法を知らないだけなんだ

2024年3月25日　第1刷発行
2024年8月8日　第3刷発行

著　者　森瀬 繁智（モゲ）
発行者　徳留 慶太郎
発行所　株式会社すばる舎
〒170-0013　東京都豊島区東池袋3-9-7 東池袋織本ビル
TEL 03-3981-8651（代表）　03-3981-0767（営業部直通）
https://www.subarusya.jp/
印　刷　ベクトル印刷株式会社

乱丁・落丁本はお取り替えいたします。

ISBN978-4-7991-1201-4